鉄板!! BBQ焼きそば

たけだバーベキュー 著

はじめに

この本を手に取っていただいた方、本当にありがとうございます。

というのも、著者の僕が言うのもなんですが、この本はめちゃくちゃ攻めた本です。バーベキューのレシピ、その中でも焼きそばに特化したかなり稀有なレシピ本です。そんな本を手に取っていただき、僕はただただ嬉しいです。と同時に、今日からあなたに"焼きそば革命"を起こして見せます。「焼きそばってソース味か塩味だけでしょ？」……いいえ違います。この本には実に50を超える焼きそばレシピが載っており、そのどれもがおいしくて、なおかつ簡単です。

僕は「たけだバーベキュー」と名乗るほどなので、これまでにバーベキューをした回数はかなりのものです。それにともない、焼きそばもかなりの数を焼いてきました。

最初はソース焼きそばばかりでしたが、「次は塩味に」「その次は焼き肉のタレでアレンジしてみよう」と、試行錯誤を重ねました。また、余った焼きそばを持って帰ることも多く、家でも焼きそばをよく作ります。すると、「パスタ風にしてみたらどうだろう」「冷やしてみてもいいのでは」とさらなるアレンジが生まれました。

そして僕は気づいたのです。「焼きそばの麺は、マジで最強！」と。

今回の本では、そんな僕があみ出した"鉄板（＝間違いない）焼きそばレシピ"の数々を、皆さんに紹介します。さらに、焼きそばと一緒に作りたい鉄板料理や、余りがちな焼きそば粉末ソースのアレンジレシピも掲載しています。もちろん、すべてのメニューは、アウトドアだけでなく、ご家庭でフライパンやホットプレートを使って作ることもできます。

焼きそばの可能性は無限大。

さあ、ご一緒に、めくるめく焼きそばワールドへ突入しましょう！

レッツ！　焼きそバーベ！

たけだバーベキュー

すきやき焼きそば

ラードが決め手の豚トロ焼きそば

やきそばチャンプルー

ヤゲンとセロリの柚子こしょう焼きそば

鉄板! BBQ 焼きそば

Contents

はじめに	2
焼きそばのここがすごい!	8
0　基本のソース焼きそば	10
バーベキューで焼きそばを作る	14
家で焼きそばを作る	16
焼きそばQ&A	17
この本のレシピについて	18

Chapter 1　がっつり肉やきそば

1	コクうまバター焼きそば	20
2	恋するトマト焼きそば	22
3	レモンペッパー焼きそば	24
4	すきやき焼きそば	26
5	ラードが決め手の豚トロ焼きそば	28
6	コリコリ砂肝の焦がし醤油焼きそば	30
7	タンドリーチキン焼きそば	32
8	焼きそばチャンプルー	33
9	ヤゲンとセロリの柚子こしょう焼きそば	34
10	鶏とトマトの焼きそばジェノベーゼ	35

鶏とトマトの焼きそばジェノベーゼ

牛肉とほうれん草のオイスターソース焼きそば

南国エスニック焼きそば

ジンジャーポーク焼きそば

ガパオ焼きそば

海鮮あんかけ焼きそば

焼きそばペスカトーレ

Wアサリのボンゴレ焼きそば

11	山盛りネギダレの牛タン焼きそば	36
12	焼きそばカルボナーラ	37
13	シャキッとキャベツのにんにく豚テキ焼きそば	38
14	ホルモン塩焼きそば	40
15	牛肉とほうれん草のオイスターソース焼きそば	42
16	焼きそばサムギョプサル	44
17	南国エスニック焼きそば	46
18	ふわとろ卵のチキンライス風焼きそば	48
19	ピリッとラー油の牛カルビ焼きそば	50
20	かしわ肉の味噌焼きそば	52
21	ごろごろハンバーグ焼きそば	53
22	ジンジャーポーク焼きそば	54
23	ガパオ焼きそば	55

Chapter 2
極うま シーフード 焼きそば

24	海鮮あんかけ焼きそば	58
25	焼きそばペスカトーレ	60
26	Wアサリのボンゴレ焼きそば	62
27	イカ墨ブラック焼きそば	64
28	ホタテと玉ネギのバター焼きそば	65
29	めんたいバター焼きそば	66
30	エビとエリンギのバター焼きそば	67
31	はらこ焼きそば	68
32	焼き牡蠣焼きそば	70
33	プリッとタラのスイートチリ焼きそば	72
34	焼きそばのパエリア	73

イカ墨ブラック焼きそば

はらこ焼きそば

焼き牡蠣焼きそば

焼きそばのパエリア

ピリ辛メキシカン焼きそば

焼きそばホットサンド

冷やし焼きそば

ネギチャーシューの台湾風焼きそば和え麺

Chapter 3

驚きのバラエティ焼きそば

35	まるごとパイン焼きそば	76
36	ピリ辛メキシカン焼きそば	78
37	焼きそばホットサンド	80
38	冷やし焼きそば	81
39	ネギチャーシューの台湾風焼きそば和え麺	82
40	納豆焼きそば	83
41	梅香るオイルサーディン焼きそば	84
42	蒲焼き缶の山椒焼きそば	84
43	サバ缶とトマトの焼きそば	86
44	ツナ缶塩昆布焼きそば	86
45	彩り野菜のバーニャ焼きそば	88
46	がっつり焼きそばーガー	90
47	焼きそばのロックアイス冷麺	92
48	たっぷりキノコのバター醤油焼きそば	94
49	そばめし	95
50	かけるだけカレー焼きそば	96
51	トロ〜リチーズ焼きそば	97
52	焼きそばじゃじゃ麺	98
53	焼きそば茶漬け	99

Chapter 4

アイディア満載の鉄板料理

1	肉汁たっぷり鉄板ステーキ	102
2	キャンプの朝のベーコンエッグ	104
3	キューバサンド	106
4	カリッとチーズ焼き2種	108
5	巻き巻きホットケーキドッグ	109

納豆焼きそば

がっつり焼きそばーガー

焼きそばのロックアイス冷麺

そばめし

焼きそばじゃじゃ麺

焼きそば茶漬け

巻き巻きホットケーキドッグ

和風アクアパッツァ

6	山芋の焦がし醤油焼き	110
7	ズッキーニとトマトのとろっとチーズ焼き	110
8	タコのガリシア風炒め	112
9	エリンギのレモングリル	112
10	屋台のイカ焼き	114
11	エビとアボカドのガーリック炒め	115
12	和風アクアパッツァ	116
13	ベトナム風オムレツ	118
14	鉄板クレープ	120
15	ホテルのフレンチトースト	121

焼きそば粉末ソース活用レシピ

1	だしいらずの卵焼き	122
2	うまみマシマシスペアリブ	122
3	タコ焼きライス	123
4	やみつきポテトサラダ	123
5	ピザトースト	124
6	がっつき唐揚げ	124
7	焼きそば風味バニラアイス	125
8	ミチェラーダ	125

コラム

焼きそばを輝かせる"トッピング"と"小道具"	56
"味変"すれば、一食で二度おいしい	74
自宅ですぐに作れる"超お手軽焼きそば"	100

おわりに …… 126

鉄板クレープ

やみつきポテトサラダ

焼きそば風味バニラアイス

ミチェラーダ

焼きそばの ここが すごい！

なぜ、たけだは自信を持って
"バーベキュー焼きそば"を
おすすめするのか?
それには3つの理由があります。

Point 1

安い!

スーパーで売られている一般的な焼きそば麺は、3玉入りで100円ほど。とにかく安くて経済的。用意する肉の量に不安があるときは、とりあえず焼きそばを多めに持っていけばOK。バーベキューの強い味方、それが焼きそばです。

Point 2

どんな味でも合う!

焼きそばは、ソース味と塩味だけだと思ったら大間違い。意外に思われるかもしれませんが、実は和・洋・中華・エスニックなど、どんな味付けにも合う優れものなんです。組み合わせ次第で、焼きそばはいろいろな顔を見せてくれます。

Point 3

いつでも、どこでも!

焼きそばは、調理する場所を選びません。バーベキューはもちろん、家でもフライパンやホットプレートを使っておいしく作れます。大人数で食べてもよし、一人メシもよし。どんなシチュエーションでも期待に応えてくれます。

基本のソース焼きそば

最初に、鉄板で作る「基本のソース焼きそば」の手順を紹介します。ポイントは、鉄板の広いスペースを活用し、具材と麺を別々に焼くこと。麺にしっかり火を入れることで、香り・味が劇的に変わります！

材料（2人分）

焼きそば麺 …… 2玉	中濃ソース …… 大さじ4
豚バラ肉 …… 200g	砂糖 …… 大さじ2
玉ネギ（薄切り）…… 1/2個	しょうゆ …… 小さじ1
ニンジン（短冊切り）…… 1/3本	塩・こしょう …… 少々
キャベツ（ざく切り）…… 葉3枚	サラダ油 …… 大さじ1
青のり・紅しょうが …… 各適量	

―― 作り方 ――

1

鉄板にサラダ油をひく。

焼きそばは火力が重要！充分に鉄板を熱してから具材を投入しましょう

2
肉を入れ、
塩・こしょうを振り、
コテで
かき混ぜながら
炒める。

3
玉ネギ、
ニンジン、
キャベツを加えて、
さらに炒める。

4
鉄板の
スペースを
半分空けて、
麺を入れる。

> 麺は、焦げ目がつくまで
> しっかり焼くこと!
> ソースが絡みやすくなり、
> 香ばしさが
> プラスされます

5

麺が焼けたら、
コテで
ひっくり返す。
反対側も
同じように焼く。

6

麺に水を加え、
コテで
かき混ぜて
ほぐす。

7

麺と具材を
かき混ぜ、
さらに炒める。

> 水の量は
> 焼きそば1玉に対して
> 大さじ3くらいが目安。
> 水をかけすぎたときは、
> 火力を上げて水分を飛ばすと
> おいしく仕上がります

8

中濃ソースを
回しかけ、
しょうゆ・砂糖を
入れ、コテで
かき混ぜる。

9

仕上げに青のり、
紅しょうがを
かける。

これで完成です！
お好みで
辛子マヨネーズや
かつお節をかけても
いいでしょう

バーベキューで焼きそばを作る

バーベキューで、もっとおいしい焼きそばを作りたい！そんなあなたに、失敗せずに焼きそばを作るコツを解説します

鉄板なら、高温で炒められる

バーベキューで焼きそばを作るとき、調理器具は何を使えばよいでしょうか？ おもに2つの選択肢があります。ひとつは鉄板。もうひとつは、バーベキュー用の使い捨てアルミプレートです。
アルミプレートは、ホームセンターなどで安価で手に入ります。使い終わった後は捨てるだけなので、片付けが楽なのが特長です。

おいしい焼きそばを作るには、何よりも火力が大切。アルミプレートは放熱しやすいので、高温をキープできないという弱点があります。鉄板は厚みがあって蓄熱性が高いため、高温を保ったまま一気に炒めることができます。
なので、アルミプレートと鉄板の二択なら、僕は鉄板をおすすめします。

炭が足りないと失敗しがち

バーベキューでありがちな失敗は、炭が残り少なくなった状態で焼きそばを作り始めること。肉をさんざん焼いて、「よし焼きそばだ」となったときには、火力が足りず、ぼんやりした味の焼きそばになってしまう……これではいけません。
焼きそばは、何より高火力。シメの焼きそばのことも考えて、炭の量をコントロールするのがポイントです。

アルミプレートなら蒸し焼きがおすすめ

アルミプレートでは焼きそばをおいしく作れないのかというと、もちろんそんなことはありません。実際、僕もよく使っています。アルミプレートで調理するときのコツは、熱を逃がさないこと。トングでカチャカチャ動かさず、麺の上に野菜をかぶせるようにのせて、しばらく放置。「蒸し焼き」の要領で、じっくり火を通しましょう。このやり方なら、おいしい焼きそばが作れますよ！

鉄板

使い捨てアルミプレート

バーベキューに持っていくと便利なアイテム

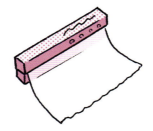

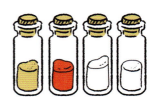

コテ

焼きそばの調理には、トングよりもコテを使うのがおすすめ。調理しやすいだけでなく、鉄板料理らしい雰囲気を演出する効果もあります。

クッキングシート

鉄板の上にクッキングシートを敷くと、お好み焼きや卵焼きなどの焦げつきやすい料理が簡単に調理できます。後片付けも簡単。

ボトルに小分けした調味料

砂糖や塩などの粉末系の調味料は、100円ショップで買えるようなコルク瓶のミニボトルに詰めれば、見た目にも統一感があってオシャレ。

バーベキュー焼きそばの量の法則

$$\text{人数} \times 0.6 = \text{用意する麺の玉}$$

バーベキューでは焼きそば以外にもメニューがたくさんあるので、1人に対して麺1玉を用意すると麺が余ってしまうことも。人数×0.6で、ちょうどいい量になります。たとえば10人なら、6玉を用意しましょう。

そのほかの便利アイテム

最近は、網の上に敷いて鉄板代わりに使う「グリルマット」も人気です。薄くて軽いので、取り扱いがとても楽。テフロン加工なので、食材が焦げつかないのも特長です。また、同じような使い方ができるバーベキュー専用の厚手のアルミホイルも販売されています。

この本で
紹介しているレシピは、
バーベキューだけでなく、
家でももちろん作れます。
家で調理するときの
ポイントを
まとめてみました

家で焼きそばを作る

フライパンなら、強火で一気に炒めること

フライパンで焼きそばを調理するコツは、強火でフライパンを熱し、一気に炒めること。しっかりと水分を飛ばすことが大切です。麺をほぐすのに使う水は、温度が下がらないように、お湯にしてもよいでしょう。

さらにおいしさを追求するなら、肉と野菜を炒めた後にいったん取り出して、麺を炒めるのもおすすめ。麺に火が通ったら、具材をフライパンに戻して炒め合わせます。これなら、具材を炒めすぎる心配はありません。

電子レンジで麺をほぐす小ワザ

家庭のガスコンロの火力では、焼きそばをほぐすときに入れた水で、フライパンの温度がいったん下がってしまいます。そこでおすすめなのが、焼きそばを炒める前に、麺1玉に対して小さじ2の酒を振りかけて、電子レンジで30秒ほど温めること。これなら麺をほぐす手間もなく、フライパンの温度も保てます。さらに、酒を使うことで麺がふっくらする効果もあります。

ホットプレートは、広いスペースを活用すべし

ホットプレートを使う場合は、作り方は基本的に鉄板と同じ。広いスペースを活用して、均一に火が通るよう食材を広げ、強火で調理しましょう。ホットプレートは焦げつきにくく、後片付けが楽。少量の油でも作れるので、油の量が気になる人にもおすすめです。

バーベキューで焼きそばをする際のよくある疑問にお答えします

Q1 できあがりが水っぽくなるのはなぜ？

A 焼きそばが水っぽい、麺がボソボソしておいしくない……それは火力が足りていないか、もしくは水のかけすぎが原因です。水をかけすぎたなと思ったら、火力を上げ、しっかり水分を飛ばしましょう。麺に火が通って、おいしく仕上がります。

Q2 焼きそばにビールを入れるのはあり？

A これには賛否があります。少量なら、麦の香りが加わって味わいが深くなりますが、あまりドボドボ入れるのは、苦みが出てしまうのでおすすめしません。また、飲みかけのビールを注がれるのを嫌がる人もいるので、注意が必要です。

Q3 鉄板が焦げついて後片付けが大変。どうにかならない？

A 料理ができあがったら、鉄板をグリルから鍋敷きなどの上に移すようにしましょう。焦げつきの進行を抑えられます。そして、食べ終わったら鉄板に常温の水をかけておくこと。焦げた部分が浮いてくるので、それをこそぎ取ってからペーパーでふくと、作業が楽です。

Q4 粉末ソースが余ったら？

A 市販の焼きそばについてくる、味つけ用の粉末ソース。この本のレシピではほとんど使いませんが、ご存じの通り、粉末ソースはおいしさのかたまり。余ったら、ぜひほかの料理に使いましょう。122〜125ページで、粉末ソースの活用レシピを紹介しています。

この本のレシピについて

● 基本的には鉄板で作る手順を記載していますが、特に注記がない場合は、フライパンやホットプレートでも同じ手順で作ることができます。

● 材料の表記は1カップ200ml、大さじ1=15ml、小さじ1=5mlです。

● レシピは基本的に2人分ですが、一部、作りやすさを考慮し1人分にしている場合があります。

● 焼きそばの麺は、市販されている普通の太さの焼きそば用蒸し麺を使用しています。

● 焼きそばの麺をほぐすときに入れる水は、材料の分量外です。使用する麺によって必要な水の量は異なりますが、おおよそ1玉=大さじ3が目安です。

● 野菜類は、特に記載のない場合、洗う、皮をむく、ヘタを取るなどの下準備をすませています。

● 「こしょう」は、黒こしょうを推奨しています。

● 「青ネギ」は、万能ネギ、浅葱、九条ネギなどをさします。お好みの種類を使用してください。

● 電子レンジは600Wを使用しています。

Chapter

1

がっつり
肉焼きそば

肉汁をたっぷり吸った焼きそばの
おいしさは、もはや説明不要。
肉のうまみを十二分に引き出す、
技ありのレシピをご覧あれ!

焼肉のタレ&バターでコクが出る!
たけだの"十八番"焼きそば

コクうまバター焼きそば

材料（2人分）

焼きそば麺 …… 2玉
豚バラ肉 …… 200g
玉ネギ（薄切り） …… 1/2個
ニンジン（短冊切り） …… 1/3本
キャベツ（ざく切り） …… 葉3枚

焼き肉のタレ（甘口） …… 大さじ4
バター …… 20g
サラダ油 …… 大さじ1
塩・こしょう …… 少々

作り方

1 鉄板にサラダ油をひき、3〜4cm長さに切って塩・こしょうした豚バラ肉を炒める。

2 玉ネギ、ニンジン、キャベツを加えてさらに炒める。

3 野菜に火が通ったら、麺と水を入れてほぐし、全体を炒め合わせる。

4 焼肉のタレとバターを加え、全体を混ぜ合わせる。

焼き肉のタレは甘口がおすすめ。フルーツの甘みが焼きそばと相性抜群!

どこか懐かしいナポリタン風味 大人にも子どもにも大人気

恋するトマト焼きそば

材料（2人分）

焼きそば麺 …… 2玉
トマトカット缶 …… 1缶
トマト（1cm角に切る）…… 1/2個
にんにく（スライス）…… 1片
粉末ソース …… 2袋
粉チーズ・パセリ …… 各適量

オリーブオイル …… 大さじ1
A ┌ スライスベーコン（5mm幅）…… 3枚
  │ ピーマン（細切り）…… 1/2個
  │ ニンジン（短冊切り）…… 1/3本
  └ 玉ネギ（薄切り）…… 1/4個

作り方

1 鉄板にオリーブオイルとにんにくを熱し、香りが立ってきたらAの具材を炒める。

2 全体に油が回ったら、麺と水を入れてほぐし、全体を炒め合わせる。

3 粉末ソースを振りかけ、香ばしい匂いが立ってきたらトマト缶を入れ、混ぜ合わせる。

4 仕上げに角切りにしたトマトをのせ、粉チーズとパセリを散らす。

さわやかな香りにピリッとこしょう
魅惑の"オトナ系"焼きそば

レモンペッパー焼きそば

材料（2人分）

焼きそば麺 …… 2玉
牛薄切り肉 …… 150g
レモン …… 1個
（半分はいちょう切り、
半分は絞り汁で使用）
黒こしょう …… 大さじ1

もやし …… 1/2袋
青ネギ（4cm幅）…… 1/3束
サラダ油 …… 大さじ1
塩・こしょう …… 少々
A ┌ 鶏ガラスープの素 …… 小さじ2
　└ しょうゆ …… 小さじ2

作り方

1. 鉄板にサラダ油をひき、塩・こしょうした牛薄切り肉を炒める。
2. 色が変わったらもやしと青ネギを加えてさらに炒める。
3. 野菜に火が通ったら、麺と水を入れてほぐし、Aを入れて全体を炒め合わせる。
4. いちょう切りにしたレモンを入れてサッと炒め、黒こしょうを振り、仕上げにレモン汁を回しかける。

外国産レモンを使うなら皮ぬきで。国産レモンならまるごと食べられます！

4

すきやき焼きそば

材料（2人分）

焼きそば麺 …… 2玉
牛薄切り肉 …… 150g
長ネギ（斜め薄切り）…… 2/3本
シイタケ（薄切り）…… 4個
春菊（ざく切り）…… 1/2わ
牛脂 …… 1片
塩・こしょう …… 少々

白髪ネギ …… 適量
卵 …… 2個
A ┌ しょうゆ …… 大さじ1
  │ 酒 …… 大さじ1
  │ みりん …… 大さじ1
  └ 砂糖 …… 大さじ1

作り方

1 鉄板に牛脂を溶かし、
  牛肉を炒めて塩・こしょうを振る。
2 長ネギ、シイタケ、春菊を加えて
  さらに炒め、しんなりしてきたら
  麺と水を入れてほぐし、
  全体を炒め合わせる。
3 Aの調味料を入れて全体を
  混ぜ合わせたら、白髪ネギをのせる。
4 取り皿に卵を割りほぐし、
  焼きそばをつけながら食べる。

甘辛い味付けがクセになる卵を絡めて、ハイ、どうぞ！

豚トロの脂&ラードでギトギトに！
あふれ出る豚肉のうまみを堪能

5

ラードが決め手の豚トロ焼きそば

材料（2人分）

焼きそば麺 …… 2玉
豚トロ肉 …… 200g
ラード …… 大さじ1
長ネギ（斜め薄切り） …… 1/3本

もやし …… 1袋
塩・こしょう …… 少々
A ┬ 鶏ガラスープの素 …… 大さじ1
　└ しょうゆ …… 小さじ2

作り方

1 鉄板にラードを溶かし、豚肉を入れて塩・こしょうを振り、両面とも色よく焼く。
2 長ネギ、もやしを入れて炒める。
3 麺と水を入れてほぐし、全体を炒め合わせる。
4 Aの調味料を回しかけて全体を混ぜ合わせる。

①の工程で、豚トロをラードでカリッと焼き上げるのがコツ！

Chapter 1

シャキシャキ感のあるネギと焦げたしょうゆの匂いがたまらない！

6
コリコリ砂肝の焦がし醤油焼きそば

材料（2人分）

焼きそば麺 …… 2玉
鶏砂肝（筋や白い部分は取り除く）…… 150g
長ネギの青い部分（太めの斜め薄切り）…… 2本分
にんにく（薄切り）…… 2片
ごま油 …… 大さじ1
しょうゆ …… 大さじ4
塩・こしょう …… 少々

作り方

1 鉄板にごま油とにんにくを熱し、香りが立ってきたら砂肝を入れ、塩・こしょうをして炒める。

2 長ネギを加えてさらに炒める。

3 麺と水を入れてほぐし、全体を混ぜ合わせる。

4 ③の焼きそばを鉄板のはじに寄せ、鉄板の上でしょうゆを広げて焦がし、香りが立ってきたら麺を戻して全体に絡ませる。

> 長ネギはあえて青いところを使います。シャキシャキの歯ごたえが最高！

漬け込みダレをそのまま活用 濃厚な味わいが焼きそばとよく合う

Yakisoba 7 タンドリーチキン焼きそば

材料（2人分）

- 焼きそば麺 …… 2玉
- 鶏もも肉（ひと口大に切る）…… 200g
- アスパラガス（筋を取って4等分）…… 4本
- 玉ネギ（薄切り）…… 1/4個
- サラダ油 …… 適量
- 塩・こしょう …… 少々
- パプリカパウダー …… 適量
- A
  - ヨーグルト …… 1/2カップ
  - カレー粉 …… 大さじ2
  - トマトケチャップ …… 大さじ1
  - ウスターソース …… 大さじ1
  - ハチミツ …… 大さじ1
  - にんにく（チューブ）…… 小さじ1
  - しょうゆ …… 小さじ1

作り方

1. ポリ袋にAの調味料を入れてよく混ぜ、塩・こしょうした鶏肉を入れて揉みこみ、冷蔵庫で1時間～半日ほどおく。
2. 鉄板にサラダ油をひき、玉ネギを炒め、透き通ってきたら①の鶏肉をタレごと入れて焼く。
3. 肉の色が変わってきたらアスパラガスを加える。
4. 全体に火が通ったら、麺を入れてほぐし、炒め合わせる。
5. 仕上げにパプリカパウダーをかける。

そうめん？いや、これからのチャンプルーは焼きそばの時代！

焼きそばチャンプルー

材料（2人分）

焼きそば麺 …… 2玉
スパム …… 1/3缶（100g程度）
ゴーヤ …… 1/3本
長ネギ（斜め薄切り）…… 1/3本
卵 …… 2個
サラダ油 …… 適量
塩・こしょう …… 少々
かつお節 …… 適量
A ┌ 酒 …… 大さじ1
　├ しょうゆ …… 小さじ1
　└ 鶏ガラスープの素 …… 小さじ2

作り方

1 鉄板にサラダ油を熱し、ひと口大に切ったスパムを入れ、焼き色がつくまで炒める。そこにゴーヤと長ネギを加え、塩・こしょうを振る。

2 麺を入れ、Aの調味料を回しかけて、炒め合わせる。

3 焼きそばを鉄板のはじに寄せ、サラダ油をひき、割りほぐした卵を入れてかき混ぜる。半熟になったら、麺を戻して全体を混ぜ合わせる。

4 仕上げにかつお節を散らす。

柚子こしょうがピリリと効いた和風コリコリ焼きそば

Yakisoba 9 ヤゲンとセロリの柚子こしょう焼きそば

材料（2人分）

- 焼きそば麺 …… 2玉
- 鶏軟骨 …… 100g
- セロリ（茎／薄切り） …… 1本
- にんにく（スライス） …… 1片
- サラダ油 …… 大さじ1
- 塩・こしょう …… 少々
- 糸唐辛子 …… お好みで
- A ┌ 柚子こしょう …… 小さじ1
　　├ めんつゆ（2倍濃縮）
　　└ …… 大さじ2

作り方

1. 鉄板にサラダ油とにんにくを熱し、香りが立ってきたら軟骨を炒め、塩・こしょうを振る。
2. 油が回ったら、セロリを加えてさらに炒める。
3. 麺と水を入れてほぐし、Aの調味料を回しかけて炒め合わせる。
4. 仕上げにお好みで糸唐辛子を散らす。

セロリは最後にさっと絡めるだけでもOK。シャキッとした歯ごたえになります

さわやかなバジルの香りとトマトの酸味が奏でるハーモニー

Yakisoba 10 鶏とトマトの焼きそばジェノベーゼ

材料（2人分）

焼きそば麺 …… 2玉
鶏もも肉（ひと口大にそぎ切り）
　…… 200g
パスタ用バジルソース …… 100㎖
トマト（角切り）…… 1/2個
バジル（生）…… 適量
にんにく（スライス）…… 1片
オリーブオイル …… 大さじ1
塩・こしょう …… 少々

作り方

1 鉄板にオリーブオイルとにんにくを熱し、香りが立ってきたら鶏肉を炒め、塩・こしょうを振る。
2 麺とバジルソースを加えて、全体を炒め合わせる。
3 仕上げにトマトをのせ、バジルの葉を散らす。

ごま油がきいたネギダレは牛タンと相性抜群！

Yakisoba 11 山盛りネギダレの牛タン焼きそば

材料（2人分）

焼きそば麺 …… 2玉
牛タン …… 150g
カイワレ菜 …… 1/2パック
ごま油 …… 大さじ2
塩・こしょう …… 少々
鶏ガラスープの素 …… 小さじ2

【ネギダレ】
長ネギ（みじん切り） …… 1本
ごま油 …… 大さじ2
しょうが（チューブ） …… 小さじ1

作り方

1. ネギダレの材料を混ぜ合わせておく。
2. 鉄板にごま油をひき、牛タンを入れ、塩・こしょうをして色よく焼く。
3. 麺と水を入れてほぐし、鶏ガラスープの素を加えてさらに混ぜ合わせる。
4. 仕上げにネギダレとカイワレ菜を添える。

チーズ&卵のソースが麺に絡まり、濃厚な味わい

12 焼きそばカルボナーラ

材料（2人分）

焼きそば麺 …… 2玉
ブロックベーコン（8mm幅）
…… 100g
玉ネギ（薄切り）…… 1/2個
コンソメ（顆粒）…… 小さじ2
オリーブオイル …… 大さじ1
塩 …… 少々
黒こしょう …… 適量
A ┌ 卵 …… 2個
　├ 牛乳 …… 150ml
　└ パルメザンチーズ …… 大さじ4

作り方

1. Aの調味料を混ぜ合わせておく。
2. 鉄板にオリーブオイルを熱し、ベーコンと玉ネギを入れ、塩を振って炒める。
3. ベーコンから油が出てきたら、麺と水、コンソメを入れてほぐしながら混ぜ合わせる。
4. 水けがなくなったら火を止めて、①の卵液を回しかけ、手早く全体を混ぜ合わせる。
5. 仕上げに黒こしょうを振る。

味の決め手はにんにく
手加減せずにどっさり入れよう

13

シャキッとキャベツの にんにく豚テキ焼きそば

材料（2人分）

焼きそば麺 …… 2玉
豚ロース厚切り肉（1cm幅）
…… 2枚（200g程度）
赤パプリカ（細切り）…… 1/4個
玉ネギ（薄切り）…… 1/4個
キャベツ（せん切り）…… 1/4個
にんにく（包丁の腹でつぶす）
…… 4片

サラダ油 …… 大さじ1
塩・こしょう …… 少々
レモン …… お好みで

A ┌ ウスターソース …… 大さじ2
  │ しょうゆ …… 大さじ1
  │ みりん …… 大さじ1
  │ 味噌 …… 小さじ1
  └ 砂糖 …… 大さじ1

作り方

1 鉄板にサラダ油とにんにくを熱し、香りが立ってきたら豚肉と玉ネギ、パプリカを炒める。

2 麺と水を入れてほぐし、混ぜ合わせておいたAの調味料を回しかけて、全体を炒め合わせる。

3 仕上げにせん切りにしたキャベツを好きなだけのせ、お好みでレモンを絞る。

唐辛子の赤色が食欲をそそる 味も歯ごたえも大満足の一品

ホルモン塩焼きそば

材料（2人分）

焼きそば麺 …… 2玉
ホルモン …… 200g
もやし …… 1袋
ニラ（3〜4cm幅に切る）
…… 1/2わ
にんにく（スライス）…… 1片
糸唐辛子 …… 適量

サラダ油 …… 大さじ1
酒 …… 大さじ2
塩・こしょう …… 少々
A ┌ 鶏ガラスープの素 …… 小さじ2
  │ しょうゆ …… 小さじ2
  └ しょうが（チューブ）…… 小さじ1

作り方

1 鉄板にサラダ油とにんにくを熱し、香りが立ってきたらホルモンを炒め、塩・こしょうを振る。
2 麺を入れ、酒を回しかけてほぐしながら炒め合わせる。
3 もやしとニラを加え、Aの調味料を回しかけ、全体を炒め合わせる。
4 仕上げに糸唐辛子を散らす。

オイスターソースの甘み&コクと鷹の爪のピリ辛がいい感じ！

Yakisoba

15

牛肉とほうれん草の オイスターソース焼きそば

材料（2人分）

焼きそば麺 …… 2玉
牛薄切り肉 …… 150g
ほうれん草（4cm幅に切る）
…… 1/2束
鷹の爪（種を取って輪切り）
…… 2本

サラダ油 …… 大さじ1
A ┌ オイスターソース …… 大さじ1
  │ しょうゆ …… 大さじ1
  │ 酒 …… 大さじ1
  └ 砂糖 …… 大さじ1

作り方

1 鉄板にサラダ油を熱し、
  牛肉と鷹の爪を入れて炒める。

2 色が変わってきたら
  ほうれん草を加えてさらに炒める。

3 麺と水を入れてほぐし、
  Aの調味料を回しかけて炒め合わせる。

辛いのが得意なら、ぜひ鷹の爪は多めで。ピリリとパンチのきいた味になります

Chapter 1

厚切り豚肉の存在感が最高！
葉っぱで巻いてさっぱりと

Yakisoba

16

焼きそばサムギョプサル

材料（2人分）

焼きそば麺 …… 2玉
豚バラ厚切り肉 …… 200g
にんにく（スライス） …… 1片
キムチ …… 100g
しめじ …… 1袋
ごま油 …… 大さじ1
ウスターソース …… 小さじ2
塩・こしょう …… 少々
サンチュ・大葉 …… 各適量
コチュジャンまたは
サムジャン …… お好みで

作り方

1 鉄板にごま油とにんにくを熱し、
香りが立ってきたら豚肉を炒め、
塩・こしょうを振り、
両面とも色よく焼く。

2 キムチとしめじを加えてさらに炒め、
ウスターソースをかけて混ぜ合わせる。

3 麺と水を入れてほぐし、
全体を炒め合わせる。

4 サンチュに大葉と③の焼きそばを
のせ、お好みでコチュジャンや
サムジャンをつけ、巻いて食べる。

焼きそばの麺でも、ちゃんとあのエスニックな味になる！

Yakisoba

南国
エスニック焼きそば

材料（2人分）

焼きそば麺 …… 2玉
豚バラ肉（4cm幅）…… 100g
エビ（殻を取って背ワタを取る）
…… 100g
にんにく（スライス）…… 1片
鷹の爪（種を取り2等分）
…… 1本
卵 …… 2個
ごま油 …… 大さじ1
塩・こしょう …… 少々

桜エビ・ピーナッツ …… お好みで
ライム …… 1/2個
A ┌ 厚揚げ（5mm幅）…… 1/2個
  │ 玉ネギ（薄切り）…… 1/4個
  │ ニラ（5cm幅）…… 2わ
  └ もやし …… 1/2袋
B ┌ オイスターソース …… 大さじ1
  │ 鶏ガラスープの素 …… 小さじ1
  │ ナンプラー …… 大さじ2
  └ 砂糖 …… 大さじ1

作り方

1. 鉄板にごま油、にんにく、鷹の爪を熱し、香りが立ってきたらエビと豚肉を入れ、塩・こしょうを振って色よく炒める。
2. 色が変わってきたら、Aの具材も加えてさらに炒め合わせる。
3. 麺と水を入れてほぐし、Bの調味料を回しかけて混ぜ合わせる。
4. ③の焼きそばを鉄板のはじに寄せ、鉄板で卵を軽く炒め、半熟の状態で麺を戻して全体に絡ませる。
5. 仕上げにライムを絞り、お好みで桜エビ、ピーナッツを散らす。

Chapter 1

鉄板だからできる技！卵をふわとろに仕上げよう

Yakisoba

18

ふわとろ卵の
チキンライス風焼きそば

材料（2人分）

焼きそば麺 …… 2玉
鶏むね肉（1cm角）…… 100g
玉ネギ …… 1/4個
にんじん …… 1/3本
ピーマン …… 1個

卵 …… 2個
バター …… 20g
ケチャップ …… 大さじ3
塩・こしょう …… 少々
パセリ …… お好みで

作り方

1 野菜はすべて粗みじん切りにする。
2 鉄板に半量のバターを溶かし、
  鶏肉を入れ、塩・こしょうして炒める。
3 色が変わってきたら
  野菜を加えてさらに炒める。
4 麺と水を入れてほぐし、
  ケチャップを加えて混ぜ合わせる。
5 ④の焼きそばを鉄板のはじに寄せ、
  残りのバターをひき、
  割りほぐした卵を焼く。
6 半熟になったら焼きそばの上にのせ、
  お好みでパセリを散らす。

卵をふわとろにするコツは、鉄板の上でかき混ぜすぎないこと！

Chapter 1

味付けは焼肉のタレだから、失敗しらず!

ピリッとラー油の牛カルビ焼きそば

材料（2人分）

焼きそば麺 …… 2玉
牛カルビ肉 …… 200g
長ネギ（斜め薄切り）…… 1/4本
しめじ …… 1/2パック

ごま油 …… 大さじ1
ラー油 …… 適量
塩・こしょう …… 少々
A ┌ 焼き肉のタレ（辛口）…… 大さじ4
  └ しょうが（チューブ）…… 小さじ1

作り方

1 鉄板にごま油をひき、牛肉を入れ、塩・こしょうをして色よく焼く。
2 そこに長ネギとしめじを加えてさらに炒める。
3 麺と水を入れてほぐし、Ａの調味料を回しかけて全体を炒め合わせる。
4 仕上げにラー油を振りかけ、混ぜ合わせる。

仕上げに水菜やカイワレ菜をたっぷりのせてもおいしい！

味噌の風味が鶏肉とベストマッチ
懐かしさを感じる優しい味

Yakisoba 20 かしわ肉の味噌焼きそば

材料（2人分）

焼きそば麺 …… 2玉
鶏むね肉（ひと口大のそぎ切り）
　…… 150g
キャベツ（ざく切り）…… 葉3枚
塩・こしょう …… 少々
サラダ油 …… 大さじ1
白炒りごま …… 適量
青ネギ（小口切り）…… 適量
A ┬ 焼き肉のタレ（甘口）…… 大さじ4
　├ 味噌 …… 小さじ2
　├ しょうが（チューブ）…… 小さじ1
　└ にんにく（チューブ）…… 小さじ1

作り方

1 鉄板にサラダ油をひき、鶏肉を入れ、塩・こしょうをして色よく焼く。そこにキャベツを加えてさらに炒める。

2 麺と水を入れてほぐし、Aの調味料を回しかけて炒め合わせる。

3 仕上げに青ネギと白ごまを散らす。

「かしわ肉」は、西日本での鶏肉の呼び方です

レトルトで手軽にできる "わんぱく男子系焼きそば"

21 ごろごろハンバーグ焼きそば

レトルトハンバーグは、タレがたっぷり入ったものを選びましょう

材料（2人分）

焼きそば麺 …… 2玉
レトルトハンバーグ …… 2個
冷凍ポテト …… 8本
ピーマン（半分に切って輪切り）
　…… 1個
ニンジン（短冊切り） …… 1/3本
キャベツ（ざく切り） …… 葉3枚
サラダ油 …… 適量
A ┌ ケチャップ …… 大さじ4
　│ ウスターソース（焼きそば用
　│ 粉末ソースでも代用可）
　└ …… 大さじ2

作り方

1. 鉄板にサラダ油をひき、ピーマン、ニンジン、キャベツを炒める。
2. 全体に油が回ったら、ハンバーグをタレごと入れ、さらに冷凍ポテトを加え、全体を炒める。この時、鉄板の上でヘラを使って刻むようにハンバーグとポテトを細かくしていく。
3. 麺と水を入れてほぐし、Ａの調味料を回しかけて炒め合わせる。

甘辛いしょうがタレと麺の絶妙なハーモニー

Yakisoba 22 ジンジャーポーク焼きそば

材料（2人分）

- 焼きそば麺 …… 2玉
- 豚肩ロース薄切り肉 …… 4枚
- キャベツ（ざく切り）…… 葉3枚
- 玉ネギ（薄切り）…… 1/2個
- サラダ油 …… 大さじ1
- 塩・こしょう …… 少々
- 紅しょうが …… 適量
- マヨネーズ …… 適量
- 七味唐辛子 …… 適量
- A
  - しょうが（チューブ）…… 小さじ2
  - しょうゆ …… 大さじ2
  - 酒 …… 大さじ2
  - みりん …… 大さじ1

作り方

1. 鉄板にサラダ油をひき、塩・こしょうをした豚肉を炒める。
2. 色が変わったら、キャベツ、玉ネギを入れてさらに炒める。
3. 麺と水を入れてほぐし、Aの調味料を回しかけて全体を炒め合わせる。
4. 仕上げに紅しょうがをのせ、マヨネーズと七味唐辛子を添える。

一口食べれば
気分は東南アジア
味の決め手は
ナンプラー&バジル

Yakisoba

23 ガパオ焼きそば

材料（2人分）

- 焼きそば麺 …… 2玉
- 鶏ひき肉 …… 150g
- 玉ネギ（みじん切り） …… 1/2個
- 赤パプリカ（角切り） …… 1/4個
- 卵 …… 2個
- サラダ油 …… 適量
- 塩・こしょう …… 適量
- バジル …… 6～8枚
- A
  - ナンプラー …… 大さじ1
  - オイスターソース …… 大さじ1
  - 砂糖 …… 大さじ1
  - にんにく（チューブ） …… 小さじ1
  - しょうが（チューブ） …… 小さじ1
  - 一味唐辛子 …… 少々

作り方

1. 鉄板にサラダ油をひき、鶏肉と玉ネギを入れ、塩・こしょうして炒める。鶏肉の色が変わったら赤パプリカも加えて炒め合わせる。
2. 全体に油が回ったら、麺と水を入れてほぐし、Aの調味料を回しかけて全体を炒め合わせる。
3. ②の焼きそばをはじに寄せ、空いたスペースで目玉焼きを作る。
4. 仕上げにちぎったバジルを入れてひと混ぜし、③の目玉焼きをのせる。

Chapter 1

―――――― column ――――――

焼きそばを輝かせる
"トッピング"と"小道具"

僕がバーベキューで、この本で紹介しているような焼きそばを作ると、「こんな焼きそば、食べたことない!」「今まで食べた焼きそばは何やったんや」と、よく驚かれます。

その理由は、味はもちろんですが、焼きそばをおいしく"魅せる"ためにさまざまな工夫を凝らしているからです。

たとえば、トッピング。この本でもお気づきかと思いますが、焼きそばに添えるちょっとしたトッピングは、劇的に見た目を華やかにしてくれます。青のり、紅しょうが、刻みのり、ネギ、パセリ、かつお節……。特にアウトドアでは、トッピングまで用意していく人は少ない。ぜひ、買い出しのときにアクセントになる一品を、かごに入れてみてください。

僕のおすすめは、辛子マヨネーズ。チューブの辛子とマヨネーズを混ぜて、ディスペンサーに詰め替えて持っていきましょう。ビューっと焼きそばに振りかけたら、見栄えも味も最高です。そして、できあがった焼きそばを、屋台でよく見かけるような、透明なプラスチックの容器に入れてみる。紅しょうがを添えたら、気分はもうお祭りの夜店です。このように、見せ方を少し工夫するだけで、いつもの焼きそばが格段においしそうな一品に変身します。

演出次第で、いつもの焼きそばが生まれ変わります!

新鮮な海の幸は、味だけでなく見た目の美しさも抜群。バーベキューの主役にもなる、鉄板のレシピがそろっています。

Chapter 2

極うま
シーフード
焼きそば

Yakisoba

24

海鮮あんかけ焼きそば

トロッとしたあんが、いい感じ！
具材ごろごろ、贅沢あんかけ

材料（2人分）

焼きそば麺 …… 2玉
エビ（殻をむき、背わたを取る）
…… 10尾
イカ（わたを取り、輪切り）
…… 1/2はい
アサリ（水煮缶）…… 1缶
サラダ油・ごま油 …… 各大さじ1

A ┌ しいたけ（薄切り）…… 3個
  │ チンゲン菜（ざく切り）…… 1束
  └ キクラゲ（水で戻す）…… 3〜4個

B ┌ オイスターソース …… 小さじ2
  │ 鶏ガラスープの素 …… 小さじ2
  └ 砂糖 …… 小さじ2

C ┌ 片栗粉 …… 大さじ1
  └ 水 …… 大さじ5

作り方

1 鉄板にサラダ油をひき、
手で軽くほぐした麺を焼く。
色よく焼けたらひっくり返し、
反対側も焼き、取り出しておく。

2 鉄板にごま油を熱し、イカとエビを入れ、
塩・こしょうをして炒める。
色が変わったらAを加えてさらに炒める。

3 アサリの水煮缶を汁ごと加え、
そこにBを入れて混ぜ合わせたら、
Cの水溶き片栗粉を回しかけ、
とろみをつける。

4 器に①の麺をのせ、
上から③のあんをかける。

あんかけ焼きそばは、
麺をカリッとかたやきに
するのがおいしい！
焦げ目がつくまで
焼きましょう

Chapter **2**

エビ、イカ、ムール貝
魚介のうまみが濃縮！

Yakisoba
25

焼きそばペスカトーレ

材料（2人分）

焼きそば麺 …… 2玉
にんにく（スライス）…… 1片
カットトマト缶 …… 1缶
オリーブオイル …… 大さじ1
白ワイン …… 100cc
コンソメ（顆粒）…… 小さじ2
塩・こしょう …… 少々

パセリ …… 少々
A ┌ 有頭エビ（殻付きのまま使用）
　│ 　…… 4尾
　│ ボイルムール貝 …… 4個
　│ イカ（わたを取り、輪切り）
　└ 　…… 1/2はい

作り方

1 鉄板にオリーブオイルと
にんにくを熱し、香りが立ってきたら
Aの魚介を入れて
塩・こしょうをして炒め、
白ワインを加えてさらに炒める。

2 具材の色が変わったらトマト缶と
コンソメを入れてひと混ぜし、
塩・こしょうで味を調える。

3 麺を入れてほぐし、
全体を炒め合わせ、
仕上げにパセリを散らす。

ペスカトーレは
漁師が作るパスタのこと。
ホタテやアサリ、
タコなどを加えると
さらにおいしい！

Chapter **2**

殻付きと水煮缶、ダブルのアサリを使った、
うまみ濃厚ボンゴレ焼きそば

Yakisoba

26

Wアサリの ボンゴレ焼きそば

材料（2人分）

焼きそば麺 …… 2玉
アサリ（殻付き／砂抜きする）
…… 150g
アサリ水煮缶
…… 1缶（130g程度）

にんにく（スライス）…… 1片
鷹の爪（種を取る）…… 1本
オリーブオイル …… 大さじ2
青ネギ（小口切り）…… 適量

作り方

1. 鉄板にオリーブオイルとにんにく、鷹の爪を熱し、香りが立ってきたらアサリ（殻付き）を入れて炒める。
2. 麺とアサリ水煮缶を汁ごと入れてほぐし、全体を混ぜ合わせる。
3. アサリの貝の口が開いたら仕上げに青ネギを散らす。

> アサリの水煮缶の汁で麺をほぐすから、味がしっかり行きわたります

Chapter 2

ブラック一色！ タフな雰囲気の
"漢気(おとこぎ)"焼きそば

Yakisoba 27 イカ墨ブラック焼きそば

材料（2人分）

焼きそば麺 …… 2玉
イカ（わたを取り、輪切り）
　…… 1はい
にんにく（スライス）…… 1片
鷹の爪（種を取って輪切り）
　…… 1本
オリーブオイル …… 大さじ2
白ワイン …… 大さじ2
トマトピューレ …… 大さじ1
イカ墨パスタソース …… 200g
イタリアンパセリ …… 適量

作り方

1. 鉄板にオリーブオイルとにんにく、鷹の爪を熱し、香りが立ってきたらイカを入れ、塩・こしょうをして炒める。
2. 麺と白ワインを入れてほぐし、全体を炒め合わせる。
3. イカ墨パスタソースとトマトピューレを加えてさらに混ぜ合わせる。
4. 仕上げにイタリアンパセリを散らす。

バター&コンソメ、間違いなしの黄金コンビ！

28 ホタテと玉ネギの バター焼きそば

材料（2人分）

焼きそば麺 …… 2玉
ホタテ（刺身用）…… 6個
玉ネギ（1cm幅）…… 1/2個
アスパラガス（斜め切り）…… 2本
もやし …… 1/2袋
バター …… 20g
コンソメ（顆粒）…… 小さじ1
塩・こしょう …… 少々

作り方

1 鉄板にバターを溶かし、ホタテと玉ネギを炒め、塩・こしょうを振る。

2 色が変わったらアスパラガスともやしを加え、全体を炒め合わせる。

3 麺と水を入れてほぐし、全体が混ざったらコンソメを加え、塩・こしょうで味を調える。

ホタテを崩さないよう炒めるのがポイント。ボイルホタテでもOK！

Chapter 2

バターのコクが決め手！
みんな大好きな、あのめんたい味です

Yakisoba 29 めんたいバター焼きそば

材料（2人分）

焼きそば麺 …… 2玉
酒 …… 大さじ2
サラダ油 …… 大さじ1
バター …… 20g
カイワレ菜 …… 1/2パック
刻みのり …… 適量
A ┌ 辛子明太子 …… 1腹
　└ マヨネーズ …… 大さじ1

作り方

1 明太子は皮に切り目を入れて、中身を取り出し、マヨネーズと混ぜ合わせておく。
2 鉄板にサラダ油をひき、麺と酒を入れてほぐしながら炒める。
3 ①のめんたいソースとバターを加え、全体をしっかり混ぜ合わせる。
4 仕上げにカイワレ菜と刻みのりをのせる。

めんたいソースを盛り付け用に少し取っておくと、仕上がりも美しい！

エビ&エリンギの食感がイイね！
バター醤油味の和風焼きそば

Yakisoba 30 エビとエリンギの バター焼きそば

材料（2人分）

焼きそば麺 …… 2玉
エビ（殻付き）…… 8尾
エリンギ …… 大1本
サラダ油 …… 大さじ1
酒 …… 大さじ1
だし醤油 …… 大さじ2
バター …… 10g
塩・こしょう …… 少々
水菜（4cm幅）…… 適量

作り方

1 エビは殻をむき、背わたを取る。
　エリンギは縦半分に切り、薄切りにする。
2 鉄板にサラダ油をひき、
　エビを入れ、塩・こしょうをして炒める。
　色が変わったらエリンギを加えてさらに炒める。
3 麺と酒を入れてほぐし、全体を炒め合わせる。
4 仕上げにだし醤油とバターを加え、
　全体を混ぜ合わせ、仕上げに水菜を散らす。

Chapter 2

鮭とイクラ、互いが互いを引き立てる！
さっぱりした後味で、シメの一品にもぴったり

Yakisoba 31

はらこ焼きそば

材料（2人分）

焼きそば麺 …… 2玉
鮭フレーク …… 80g
イクラ醤油漬け …… 大さじ4
三つ葉（4cm幅）…… 少々
サラダ油 …… 大さじ1

A ┃ 酒 …… 大さじ2
　 ┃ 砂糖 …… 大さじ2
　 ┃ しょうゆ …… 大さじ2
　 ┃ みりん …… 大さじ2

作り方

1 鉄板にサラダ油を熱し、麺と水を入れてほぐし、しっかり麺を焼く。
2 鮭（さけ）フレークを入れて炒め合わせたら、Aの調味料を回しかけて混ぜ合わせる。
3 器に盛り、上にイクラの醤油漬けをのせ、三つ葉を散らす。

> 鮭とイクラの炊き込みご飯「はらこめし」を、焼きそばにアレンジしました。これが驚くほどうまいんです！鮭は網で焼いたものをほぐしてもよし！

Chapter 2

オイスターソースに牡蠣だし醤油、ダブルのうまみで牡蠣づくし!

Yakisoba

32

焼き牡蠣(がき)焼きそば

材料(2人分)

焼きそば麺 …… 2玉
牡蠣 …… 8個
しめじ …… 1パック
小松菜(3〜4cm幅ざく切り)
　…… 1束

にんにく(スライス) …… 1片
サラダ油 …… 大さじ1
塩・こしょう …… 少々
A ┌ オイスターソース …… 大さじ1
　└ 牡蠣だし醤油 …… 小さじ2

作り方

1 鉄板にサラダ油とにんにくを熱し、香りが立ってきたら牡蠣を炒め、塩・こしょうをする。
2 しめじを加えてさらに炒め、Aの調味料を回しかけて炒め合わせる。
3 麺と水を入れてほぐし、全体を混ぜ合わせ、小松菜を加えてサッと色よく炒める。

Chapter 2

甘くて辛い、絶妙の味付け！ "アジアの風"を感じる焼きそば

Yakisoba 33　プリッとタラのスイートチリ焼きそば

材料（2人分）

焼きそば麺 …… 2玉
タラ（甘塩切り身）…… 2切れ
トマト（串切り）…… 1個
ニラ（4cm幅）…… 1/3束
卵 …… 2個
サラダ油 …… 大さじ2
塩・こしょう …… 少々
A ┌ にんにく（チューブ）
　│ 　…… 小さじ1
　└ しょうが（チューブ）
　　　…… 小さじ1
B ┌ 鶏ガラスープの素 …… 小さじ1
　└ スイートチリソース
　　　…… 大さじ2

作り方

1. 鉄板にサラダ油半量とAを熱し、香りが立ってきたら3等分にしたタラを加えて、塩・こしょうをして炒める。
2. 色が変わったらトマトとニラを加えてさらに炒める。
3. 麺と水を入れてほぐし、Bを入れて全体を炒め合わせる。
4. ③の焼きそばを鉄板のはじに寄せ、残りのサラダ油をひき、割りほぐした卵を焼く。半熟になったら全体を混ぜ合わせる。

見た目はまんまパエリア、でも、米でなく、焼きそばなんです！

Yakisoba 34 焼きそばのパエリア

お米よりも短い時間でカンタンにできます！

材料（2人分）

- 焼きそば麺 …… 2玉
- アサリ（砂抜きする）…… 150g
- エビ …… 4尾
- イカ（わたを取り、輪切り）…… 1/2はい
- にんにく（スライス）…… 2片
- 赤＆黄パプリカ（細切り）…… 各1/4個
- オリーブオイル …… 大さじ2
- 塩・こしょう …… 少々
- パセリ …… 少々
- レモン …… 1/2個
- A ┌ コンソメ（顆粒）…… 大さじ1
　 └ 水 …… 400㎖

作り方

1. 麺を袋の上から包丁の背で押し、細かくする。
2. 鉄板にオリーブオイルとにんにくを熱し、香りが立ってきたらエビを炒め、塩・こしょうを振る。色が変わったらイカも加えてさらに炒め、一度、取り出す。
3. パエリアパンに①の麺を入れてほぐし、Aを入れて全体をひと混ぜする。②のエビとイカを戻し、アサリとパプリカも並べる。
4. ふたをして5分ほど蒸し焼きにし、仕上げにパセリを振り、レモンを飾る。

Chapter 2

column

"味変"すれば、
一食で二度おいしい

以前に、テレビ番組のロケでバーベキューをしたときのことです。僕は22ページの「恋するトマト焼きそば」を披露しました。
この焼きそば、途中までの作り方は普通のソース焼きそばと同じ。最後にトマト缶を入れると、味が劇的に変わります。皆さん、「すごくおいしい!」と言ってくれましたが……出演者のお一人が「ソース焼きそばができると思ってた。そっちも食べたかった」とおっしゃったんです。
そのとき、ひらめいたのが「味変」です。最初に普通のソース焼きそばを食べてもらい、そのあとでトマト焼きそばに変身させて、味の変化を楽しんでもらう。別の機会に試してみると……これが大好評でした!
「味変」のバリエーションとして、鉄板料理のメニューを焼きそばに変身させるのもおすすめ。たとえば、116ページで紹介している「和風アクアパッツァ」。皆さんご存じのとおり、アクアパッツァは汁が最高においしい。一通り食べた後に、焼きそば麺を投入してみましょう。麺に火が通って、自然にほぐれたら完成。魚介のエキスをたっぷり吸った、最高の焼きそばができあがりますよ!

99ページの「焼きそば茶漬け」も味変テクのひとつ!

Chapter 3

驚きの
バラエティ
焼きそば

「えっ、こんなレシピあり?」
バーベキューでは、
驚きもまたご馳走。
枠にとらわれず、
しかもちゃんとおいしい。
そんなレシピたちが
大集合!

パイナップルの酸味がさわやか
意表をつくおいしさ

Yakisoba 35

まるごとパイン焼きそば

材料（2人分）

焼きそば麺 …… 2玉
パイナップル …… 1個
サラダ油 …… 大さじ1
塩・こしょう …… 少々

A ┌ 豚バラ肉（3〜4cm幅に切る）
  │ …… 100g
  │ エビ（殻を外し、背わたを取る）
  │ …… 6尾
  │ イカ（ひと口大に切る）
  └ …… 1/2はい

B ┌ 鶏ガラスープの素 …… 小さじ2
  └ しょうゆ …… 小さじ2

作り方

1 パイナップルを葉ごと縦に半分に切り、ふちに沿ってぐるりと切り目を入れたら、縦横に筋を入れ、スプーンなどでくり抜き、器を作る。
（中身と汁は別にとっておく）

2 鉄板にサラダ油をひき、Aの具材を炒め、塩・こしょうをする。

3 麺と水を入れてほぐし、Bの調味料を加えて全体を炒め合わせる。

4 ①で取っておいたパインを汁ごと加えて混ぜ合わせ、パイナップルの器に盛る。

> パイナップルが味の要！実をくり抜くだけでなく、汁もしっかり使いましょう。

Chapter 3

チリパウダーの量次第で激辛焼きそばにも変身！

Yakisoba 36

ピリ辛メキシカン焼きそば

材料（2人分）

- 焼きそば麺 …… 2玉
- 牛ひき肉 …… 200g
- チリパウダー（または一味）…… 小さじ1
- レタス（せん切り）…… 葉2〜3枚
- プチトマト …… 4個
- トルティーヤチップス ……適量
- サラダ油 …… 大さじ1
- カレー粉 …… 小さじ1
- ピザ用チーズ …… 2つかみ
- 塩・こしょう …… 少々
- A ┌ ケチャップ …… 小さじ2
  └ ウスターソース …… 大さじ1

作り方

1. ポリ袋に麺とチリパウダーを入れてしっかり揉みこむ。
2. 鉄板にサラダ油をひき、ひき肉を入れて、塩・こしょうをして炒める。
3. カレー粉を入れ、香りが立ってきたらAを回しかけて炒め、一度取り出す。
4. 麺と水を入れてほぐし、炒める。
5. ④の麺の上に③をのせ、レタスやプチトマト、チーズを盛り付け、トルティーヤチップスを添える。

①の工程では、麺がまんべんなく赤くなるようによくシェイクしましょう

Chapter 3

こんがり焼き目が香ばしい
焼きそばパンの進化系

Yakisoba 37 焼きそばホットサンド

材料（1人分）

基本のソース焼きそば
……1人分の半量
食パン（8枚切り）……2枚
バター……10g
卵……1個
サラダ油……大さじ1

作り方

1. 鉄板にサラダ油を熱し、卵を割り、目玉焼きを作る。
2. ホットサンドメーカーにバターを溶かし、食パンをしき、焼きそばと①の卵を入れてもう一枚の食パンで挟み、しっかりふたをする。
3. 網の上で両面をしっかり焼く。

はみ出すぐらい焼きそばをたっぷり入れると、"萌える断面"なできあがりに!

夏のBBQにおすすめ！
焼きそばを氷水でシメるのがコツ

Yakisoba 38 冷やし焼きそば

材料（2人分）

焼きそば麺 …… 2玉
ハム（細切り）…… 4枚
ゆで卵（2等分）…… 1個
きゅうり（せん切り）…… 1/2本
プチトマト …… 4個
サラダ油 …… 小さじ1
白炒りごま …… 大さじ1/2
A ┌ ポン酢醤油 …… 大さじ5
　└ ごま油 …… 大さじ2

作り方

1. 鉄板にサラダ油をひき、麺と水を入れ、ほぐしながら炒める。一度取り出し、氷水（溶けたロックアイスの水でもOK）でしめておく。
2. Aの調味料をよく混ぜ合わせる。
3. 器に①の麺を盛り、ハム、ゆで卵、きゅうり、プチトマトを盛り付け、②のタレをかける。
4. 仕上げに白炒りごまを散らす。

家で作るときは、水を振りかけた麺を電子レンジでチン。火を使わずに作れます

Chapter 3

ネギ&ニラの香味野菜が いい仕事してる混ぜそば

Yakisoba
39 ネギチャーシューの 台湾風焼きそば和え麺

材料（2人分）

焼きそば麺 …… 2玉
味付けチャーシュー
（ブロック／1cm角）…… 100g
青ネギ（小口切り）…… 1/2束
ニラ（粗みじん切り）…… 1/2束
卵黄 …… 1個
サラダ油 …… 大さじ1
ラー油 …… お好みで
A ┌ オイスターソース …… 大さじ2
 │ しょうゆ …… 小さじ2
 └ ごま油 …… 小さじ2

作り方

1 鉄板にサラダ油をひき、麺と水を入れてほぐし、炒める。

2 ①の麺に混ぜ合わせておいたAの調味料を絡める。

3 器に②の麺をのせ、味付けチャーシュー、青ネギ、ニラを盛り付け、中央に卵黄をのせる。お好みでラー油をかける。

麺をしっかり焼いた後、温かいうちに調味料をしっかり絡めるのがポイント

麺をだし醤油で焦がすように焼き、下味をつければ、格段においしくなる!

Yakisoba 40 納豆焼きそば

材料（2人分）

焼きそば麺 …… 2玉
納豆 …… 2パック
長ネギ（斜め薄切り）…… 1/2本
しめじ …… 1/2パック
みょうが（小口切り）…… 1個
青ネギ（小口切り）…… 適量
大葉（せん切り）…… 4枚
サラダ油 …… 大さじ1
だし醤油 …… 大さじ1
塩・こしょう …… 少々

作り方

1. 鉄板にサラダ油をひき、長ネギとしめじを入れ、塩・こしょうをして炒める。
2. 麺と水を入れてほぐし、だし醤油を回しかけて全体を炒め合わせる。
3. 器に②の焼きそばを盛り、付属のタレとカラシを入れて混ぜた納豆を上にのせる。
4. 仕上げにみょうが、青ネギ、大葉などの薬味をたっぷりのせる。

めんつゆで味付けするから失敗しらず梅干しの酸味がアクセントに!

麺に絡む甘辛いタレが美味!山椒で全体をピリリとシメて

缶詰で焼きそば

ここからの4品は、
缶詰を使ったお手軽焼きそば。
材料は1缶分（1人分）です

Yakisoba 41 梅香るオイルサーディン焼きそば

材料（1人分）

焼きそば麺 …… 1玉
オイルサーディン缶 …… 1缶
にんにく（スライス）…… 1片
梅干し
（種を取ってちぎる）…… 2個
めんつゆ（2倍濃縮）…… 大さじ1
大葉 …… 2枚

作り方

1 鉄板にオイルサーディンの缶の
中身をオイルごと広げ、
にんにくを加えて香りが立つまで炒め、
そこに梅干しを加えてサッと炒める。

2 麺と水を入れてほぐし、めんつゆを回しかけ、
全体を炒め合わせる。

3 仕上げにちぎった大葉を散らす。

Yakisoba 42 蒲焼き缶の山椒焼きそば

材料（1人分）

焼きそば麺 …… 1玉
サンマの蒲焼き缶 …… 1缶
（イワシなどでも可）
玉ネギ（薄切り）…… 1/4個
サラダ油 …… 小さじ1
しょうゆ …… 小さじ1
山椒 …… 少々
青ネギ（小口切り）…… 適量

作り方

1 鉄板にサラダ油をひき、玉ネギを炒める。
透き通ってきたら缶詰の中身をタレごと加え、
身をほぐすように炒める。

2 麺と水を入れてほぐし、しょうゆを回しかけ、
サッと炒め合わせる。

3 器に盛り、青ネギを散らし、山椒を振る。

Chapter 3

話題のサバ缶も焼きそばとの相性抜群です！

ツナ&塩昆布のうまみが広がり、超簡単、なのに絶品！

Yakisoba 43 サバ缶とトマトの焼きそば

材料(1人分)
- 焼きそば麺 …… 1玉
- サバ水煮缶 …… 1缶
- トマト(角切り) …… 1/2個
- サラダ油 …… 大さじ1
- タバスコ …… お好みで
- A[しょうゆ …… 大さじ1
  ケチャップ …… 大さじ1]

作り方
1. 鉄板にサラダ油をひき、サバ缶の中身を汁ごと広げ、トマトを加えて全体を炒める。
2. 麺を入れてほぐし、Aの調味料を加えて炒め合わせる。
3. 仕上げにお好みでタバスコを振る。

Yakisoba 44 ツナ缶塩昆布焼きそば

材料(1人分)
- 焼きそば麺 …… 1玉
- ツナ缶 …… 1缶
- 塩昆布 …… 大さじ1
- しょうゆ …… 小さじ2
- サラダ油 …… 小さじ1

作り方
1. 鉄板にサラダ油をひき、麺と水を入れてほぐし、炒める。
2. ツナ缶の中身をオイルごと加え、塩昆布も加えて全体を炒め合わせる。
3. しょうゆを回しかけ、全体を混ぜ合わせる。

仕上げにレモンを絞ると、爽やかな酸味がプラスされ最高の一皿に!

Chapter 3

ガーリック&アンチョビの
オイルが絡んでガツンとうまい!

彩り野菜の
バーニャ焼きそば

材料（2人分）

焼きそば麺 …… 2玉
エビ …… 8尾
（殻を外し、背ワタを取る）
赤・黄パプリカ（細切り）
　…… 各1/2個
アスパラガス（筋を取って4等分）
　…… 4本

プチトマト …… 8個
白ワイン …… 大さじ2
オリーブオイル …… 大さじ3
A ┌ にんにく（チューブ）
　│　…… 小さじ2
　│ アンチョビ（チューブ）
　└　…… 小さじ2

作り方

1 鉄板にオリーブオイルとAを熱し、香りが立ってきたらエビ、パプリカ、アスパラガス、プチトマトを入れて炒める。

2 白ワインを加えてさらに炒める。

3 火が通ったら麺と水を入れてほぐし、全体を炒め合わせる。

> プチトマトは
> アツアツになるまで
> よく火を通すと
> 甘みが増します！

カリッと香ばしく焼いた麺を
バンズの代わりに使用

Yakisoba

がっつり焼きそばバーガー

材料（1人分）

焼きそば麺 …… 1玉
BBQで残った肉
（ここではカルビ肉を使用）
…… 適量
玉ネギ（1cm幅に輪切り）
…… 1/4個

トマト（5mm幅に輪切り）
…… 1/4個
レタス …… 葉1〜2枚
マヨネーズ …… 適量
焼肉のタレ（甘口）…… 適量
サラダ油 …… 大さじ1

作り方

1 鉄板にサラダ油を熱し、麺1玉と水を入れてほぐし、半分にわけてコテで丸く成形する。

2 ①の麺を焼いている間に玉ネギを空いたスペースで焼く。バーベキューで余ったお肉は焼肉のタレに絡めておく。

3 ①の麺の上にレタス、トマト、②の玉ネギとお肉をのせ、マヨネーズをかけて、もう1つの麺で挟む。

コテを押し付けながら、こんがり焼き色がつくまで焼く

Chapter 3　 +

残ったロックアイスを使った
さっぱりひんやり冷麺

焼きそばの
ロックアイス冷麺

材料（2人分）

- 焼きそば麺 …… 2玉
- キムチ …… 100g
- きゅうり（輪切り）…… 1/2本
- トマト（1cm幅の半月切り）…… 1個
- ゆで卵（2等分）…… 1個
- カイワレ菜 …… 適量
- ごま油 …… 少々
- 氷水（溶けかかったロックアイスを使うとよい）…… 2カップ
- A
  - 鶏ガラスープの素 …… 小さじ4
  - しょうゆ …… 小さじ2
  - ごま油 …… 小さじ2

作り方

1. 鉄板にごま油を熱し、麺と水を入れてほぐし、炒める。その後、冷水（分量外）でしめておく。
2. 氷水とAを器に入れて混ぜ合わせる。
3. 器に①の麺を入れ、具材を盛り付け、②のスープを注ぐ。

> バーベキューの食材の保冷に使ったロックアイスを活用して、キンキンに冷えたスープが完成！

Chapter 3

キノコづくしでうまみたっぷり
バター醤油がよく合う！

Yakisoba 48 たっぷりキノコの バター醤油焼きそば

材料（2人分）

焼きそば麺 …… 2玉
バター …… 20g
しょうゆ …… 大さじ2
塩・こしょう …… 少々
刻みのり …… 適量
A ┌ しめじ …… 1/2パック
　├ しいたけ（薄切り）…… 4個
　├ えのき茸（軸を切り半分に）
　└ …… 1/2袋

作り方

1 鉄板にバター半量を溶かし、Aをすべて入れて炒め、塩・こしょうをする。

2 きのこがしんなりしたら、麺と水を入れてほぐし、全体を炒め合わせる。

3 残りのバターを加え、しょうゆを回しかけ、全体を混ぜ合わせる。

4 仕上げに刻みのりを散らす。

ソース味が後を引くうまさ！これぞ、王道B級グルメ

Yakisoba
49 そばめし

材料（2人分）

焼きそば麺 …… 1玉
ごはん …… 茶碗1杯分
ウインナー（3等分する）
　…… 4本
キャベツ（粗みじん切り）
　…… 葉3枚
サラダ油 …… 小さじ2
ウスターソース …… 大さじ2
塩・こしょう …… 少々
かつお節・紅しょうが・
青のり・マヨネーズ …… 各適量

作り方

1. 麺を袋の上から包丁の背で叩き、細かくする。
2. 鉄板にサラダ油をひき、ウインナーを炒め、そこにキャベツも加えて塩・こしょうをする。
3. ①の焼きそばとごはんを加えて炒め合わせる。
4. ウスターソースを回しかけ、さらに全体を炒め合わせる。
5. 仕上げにかつお節、紅しょうが、青のり、マヨネーズをかける。

簡単、手間いらず！
カレーライスとは一味違うハーモニー

Yakisoba 50
かけるだけ カレー焼きそば

材料（2人分）

焼きそば麺 …… 2玉
レトルトカレー …… 2袋
福神漬け …… 適量
サラダ油 …… 大さじ1

作り方

1. 鉄板にレトルトカレーを入れ、炒める。
2. 鉄板のスペースを空けてサラダ油をひき、麺と水を入れてほぐし、炒める。
3. 麺の上にカレーをかけ、仕上げに福神漬けを添える。

具材はチーズと黒こしょうのみ！
こんなにシンプルなのに驚きのうまさ

Yakisoba 51 トロ〜リチーズ焼きそば

材料（2人分）

焼きそば麺 …… 2玉
ピザ用チーズ …… 200g
サラダ油 …… 大さじ1
黒こしょう …… 適量
塩 …… ひとつまみ

作り方

1. 鉄板にサラダ油を熱し、麺と水を入れてほぐし、塩を振って炒める。
2. チーズを①の麺の上にのせ、バーナーで表面をあぶる。（フライパンの場合、ふたをしてチーズを溶かす）
3. 仕上げに黒こしょうをたっぷり振る。

チーズはトロトロだけでなく、鉄板で少し焦げたような部分があっても変化があってウマいです！

Chapter 3

盛岡名物の"じゃじゃ麺"を再現
ピリ辛豚ひき肉が味の決め手

Yakisoba
52 焼きそばじゃじゃ麺

材料（2人分）

焼きそば麺 …… 2玉
豚ひき肉 …… 150g
にんにく（みじん切り）…… 1片
きゅうり（細切り）…… 1/2本
しいたけ（軸も一緒にみじん切り）
…… 1個
ごま油 …… 大さじ2
A ┌ 鶏ガラスープの素 …… 大さじ1
　├ 砂糖 …… 大さじ1
　├ 酒 …… 大さじ1
　├ しょうゆ …… 大さじ1
　└ コチュジャン …… 小さじ2

作り方

1 鉄板にごま油半量をひき、豚ひき肉とにんにくを炒める。色が変わったらしいたけを加えてさらに炒める。

2 Aの調味料を回しかけ、ひき肉に味を付け、取り出しておく。

3 鉄板に残りのごま油をひき、麺と水を入れてほぐし、炒める。

4 器に③の麺を入れ、その上にきゅうりを広げ、②の豚ひき肉をのせる。

焼きそばが余ってしまったら、こんなアレンジレシピはどうですか？

Yakisoba 53 焼きそば茶漬け

材料（2人分）

焼きそば麺の残り …… 適量
和風だしの素 …… 小さじ1
湯 …… 400㎖
みょうが（薄切り）…… 1個
大葉 …… 4枚
揉みのり …… 適量

作り方

1. 余った焼きそばを器に盛る。
2. 和風だしの素を湯で溶き、だしを作る。
3. ①の麺にお好みの具材（今回の具材のほか、梅干やカイワレ菜、チャンジャなどもOK）をのせ、②のだしをかける。

鉄板のすみっこで焦げてしまった焼きそばも、お茶漬けにすればおいしく生まれ変わります！

Chapter 3

―― *column* ――

自宅ですぐに作れる
"超お手軽焼きそば"

僕は常に、冷蔵庫の中に焼きそばをストックしています。思い立ったらすぐに調理できて、食材との組み合わせも自由自在。本当に使いやすい食材だとつくづく思います。
そんな僕が自宅で作る、"超お手軽レシピ"をいくつか紹介しましょう。

即席
ペペロンチーノ

焼きそばなら、パスタと違って麺をゆでる必要がないので、ペペロンチーノもさらに時短に。フライパンにオリーブオイル、にんにく、鷹の爪を熱し、16ページの要領で電子レンジでチンした焼きそばを入れて、炒めるだけ。5分でできるお手軽レシピです。

深夜の
焼きそばつけ麺

冷蔵庫にある適当な野菜を炒めて塩を振り、焼きそばを入れてさらに炒めます。めんつゆを水でお好みの濃さに調整し、かつお節を振って、つけ麺スタイルで麺をつゆにつけていただく。いつもと一味違う焼きそばが楽しめますよ！

麻婆
焼きそば

レトルトの麻婆豆腐の素をフライパンに入れ、焼きそばと一緒に炒めるだけ。豆腐なしでも、充分に満足できる濃厚な一品ができあがります。

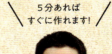
5分あれば
すぐに作れます！

せっかく鉄板を持っていくなら、
焼きそばだけに
使うのはもったいない。
たけだが自信をもっておすすめする、
最高の鉄板料理はこちらです!

Chapter **4**

アイディア満載の鉄板料理

101

見た目も味も王様級
鉄板料理と言えばやっぱりコレ！

肉汁たっぷり
鉄板ステーキ

材料（2人分）

ステーキ肉 …… 400g
にんにく（スライス）…… 2片
オリーブオイル …… 大さじ2
塩・こしょう …… 適量

A ┌ バター …… 10g
  └ だし醤油 …… 小さじ2

作り方

1 肉は焼く前に常温に戻し、塩・こしょうをする。
2 鉄板にオリーブオイルとにんにくを熱し、香りが立ってきたらにんにくを取り出し、肉を両面色よく焼く。
3 肉を取り出し、肉汁が残った鉄板にAを加えてソースを作る。
4 肉に③のソースをかける。

肉を焼くときは
あまり動かさない。
肉汁が逃げずに
ジューシーに！

Chapter 4

2

キャンプの朝の ベーコンエッグ

材料（2人分）

卵 …… 2個
ベーコン（スライス）…… 2枚
アスパラガス（筋を取る）…… 2本
サラダ油 …… 大さじ1
塩・こしょう ……適量

作り方

1 鉄板にサラダ油をひき、アスパラガスを入れて炒める。

2 ベーコンを加え、塩を振り、両面を色よく焼く。

3 卵を割り、塩・こしょうを振り、お好みの黄身の焼き具合で仕上げる。

キャンプの朝ごはんにぴったり！アスパラガスは豪快に丸ごと焼こう

僕がキャンプで作る定番料理。たくさんの卵を使うと、見た目にもゴージャス！

Chapter **4**

名前はキューバだけど、じつはアメリカ料理
具だくさんな、わんぱく豪快サンド

 Teppan

3

キューバサンド

材料（1人分）

バゲット（20cm長さ）……1本
豚肩ロース肉（厚切り）
　……1枚（150g）
にんにく（スライス）……1片
レモン……1/2個
バター……10g
オリーブオイル……大さじ1

マスタード……適量
塩・こしょう……適量
A ┌ ハム（スライス）……2枚
　│ チェダーチーズ（スライス）……1枚
　│ プロセスチーズ（スライス）……1枚
　│ ピクルス（縦半分に切る）……適量
　└ ルッコラ……1/2袋

作り方

1 バゲットに横から切り目を入れる。鉄板にバター半量を溶かし、バゲットの内側の表面をこんがりと焼く。

2 鉄板にオリーブオイルとにんにくを熱し、塩・こしょうをした豚肩ロース肉を色よく焼き、レモンを絞る。

3 ①のバゲットにマスタードをぬり、②の肉とAの具材を挟む。

4 鉄板に残りのバターを溶かし、サンドしたバゲットの表面もこんがりと焼く。

Chapter 4

ハニーペッパーと焦がし醤油、
2つの味を食べ比べ!

4 カリッとチーズ焼き2種

材料(6個分)

6Pチーズ……1箱
ハチミツ……適量
しょうゆ……適量
のり……適量
黒こしょう……少々

作り方

1 鉄板に6Pチーズをのせて両面を焼く。
2 ①のうち3個は皿に盛り、ハチミツをかけ、黒こしょうを振る。
3 残りの3個は鉄板の上でしょうゆを回しかけ、焦がし醤油にして味をつけ、のりで巻く。

鉄板だからできる技！ホットケーキの生地でくるくる巻こう

> フライパンだと串がふちにあたってしまうので、うまくいきません。鉄板で作りましょう

Teppan 5
巻き巻きホットケーキドッグ

材料（2人分）

- フランクフルトソーセージ …… 2本
- サラダ油 …… 大さじ1
- トマトケチャップ …… 適量
- マスタード …… 適量
- A
  - ホットケーキミックス …… 200g
  - 卵 …… 1個
  - 牛乳 …… 140ml

作り方

1. Aの材料を混ぜ合わせて生地を作る。
2. 鉄板でソーセージを色よく焼き、取り出す。
3. 鉄板にサラダ油をひき、①の生地を薄く丸く広げて焼く。②のソーセージを上にのせ、フライ返しやコテなどでくるりと巻く。
4. 仕上げにケチャップとマスタードをかける。

生地にしっかり火が通ってから巻く

Chapter 4

しょうゆの焦げた匂いがたまらなく食欲をそそる！

イタリアンでは王道の組み合わせ、おいしくないはずがない！

Teppan 6 山芋の焦がし醤油焼き

材料（2人分）

山芋（皮付きのまま輪切り）
　……6cm程度
しょうゆ……大さじ1
サラダ油……大さじ1

作り方

1. 鉄板にサラダ油をひき、山芋を色よく両面焼く。
2. 鉄板の上でしょうゆを回しかけ、焦がして香りが立ってきたら、①の山芋と絡める。

Teppan 7 ズッキーニとトマトのとろっとチーズ焼き

材料（2人分）

ズッキーニ……1/2本
（1cm幅の輪切り）
トマト（串切り）……1/2個
ピザ用チーズ……50g
塩・こしょう……適量
オリーブオイル……大さじ1

作り方

1. 鉄板にオリーブオイルをひき、ズッキーニを炒める。
2. 焼き色がついてきたら、トマトを加えてさらに炒める。
3. トマトの形が少し崩れてきたら、塩を振り、チーズを上からかける。チーズが溶けたら、仕上げにこしょうを振る。

チーズはバーナーであぶるもよし、ふたをしてとろけさせるもよし!

Chapter 4

焼いたタコの食感は格別！
スペインバルの定番メニュー

エリンギのうまみを堪能できる
調理時間5分の超簡単レシピ

タコのガリシア風炒め

材料（2人分）

タコ（ゆで）……足2本
ジャガイモ（角切り）
　……1個
オリーブオイル……大さじ2
パプリカパウダー……小さじ1/2
塩……少々

作り方

1 タコは1cm程度のぶつ切りに、ジャガイモも皮付きのままタコと同じぐらいの大きさに切る。

2 鉄板にオリーブオイルをひき、①を炒め、パプリカパウダーと塩で味付けする。

エリンギのレモングリル

材料（2人分）

エリンギ（乱切り）……2本
オリーブオイル……小さじ1
塩……少々
レモン……1/4個

作り方

1 鉄板にオリーブオイルをひき、エリンギを入れ、塩をして炒める。

2 水分が出てツヤっとしてきたら、レモンを絞って炒め合わせる。

エリンギをごろっと大きめにカットすると、ジューシーな味わいに！

タレに漬けるから味がしっかり！ビールがすすむ、屋台の味

Teppan 10 屋台のイカ焼き

材料（2人分）

イカ …… 2はい
サラダ油 …… 大さじ1
一味唐辛子 …… お好みで
マヨネーズ …… お好みで
A ┌ しょうゆ …… 大さじ2
　├ 砂糖 …… 大さじ2
　├ みりん …… 大さじ2
　├ 酒 …… 大さじ2
　└ しょうが（チューブ）
　　 …… 小さじ1

作り方

1 イカはワタと軟骨を取り、胴と足に分けて、胴に1.5cm幅の切り込みを入れる。

2 Aの調味料を混ぜ合わせ、①のイカを入れ、揉みこむようにして30分ほど置く。

3 鉄板にサラダ油をひき、②のイカを焼く。焼き色がついたらもう一度、タレにつけ、さらに焼いていく。

4 仕上げにお好みで一味唐辛子とマヨネーズをかける。

酒のアテにも、おかずにもなる彩りキレイな一品

Teppan 11　エビとアボカドの　ガーリック炒め

材料（2人分）

むきエビ …… 10尾
アボカド（乱切り）…… 1個
にんにく（スライス）…… 1片
オリーブオイル …… 大さじ2
鷹の爪（種を取る）…… 1本
塩 …… ひとつまみ

作り方

1. 鉄板にオリーブオイルとにんにくを熱し、香りが立ってきたら鷹の爪を加える。
2. エビを入れ、塩を振り、色よく焼く。
3. エビの色が変わったらアボカドを加え、サッと炒め合わせる。

レタスなどの生野菜を絡めてサラダ風にしてもおいしい！

Chapter 4

12

和風アクアパッツァ

魚や貝のうまみが出た汁も絶品
イタリア×日本が融合したごちそう

材料（2人分）

白身魚（タイやスズキなど）
…… 1匹
ハマグリ（砂抜きする）…… 8個
にんにく（スライス）…… 1片
酒 …… 大さじ2
しょうゆ …… 小さじ1
塩・こしょう …… 適量

オリーブオイル …… 大さじ1
すだち（くし切り）…… 1個
A ┌ 黄パプリカ（細切り）…… 1/4個
　│ オリーブの実（種なし）…… 12粒
　└ プチトマト …… 10個
B ┌ 和風だしの素 …… 小さじ1
　└ 水 …… 100mℓ

作り方

1 白身魚は内臓を取り、ウロコを取って下処理し、塩・こしょうを振る。
2 鉄板にオリーブオイルとにんにくを熱し、香りが立ってきたら①の魚を焼く。
3 焼き色がついてきたらひっくり返し、ハマグリとAを入れて炒め合わせ、酒としょうゆを回しかける。
4 上からBを加えて貝の口が開くまで10分ほど煮込む。（ふたがあればふたをしてもよい）
5 仕上げにすだちを添える。

> 煮込んでいる間、煮汁をすくって魚にかけると、ふっくらおいしくなります！

Chapter 4

野菜たっぷり、ボリューム満点
甘ずっぱいタレの優しい味わい

 Teppan

13

ベトナム風オムレツ

材料（1人分）

卵 …… 2個
むきエビ …… 8尾
もやし …… 1/2袋
サラダ油 …… 大さじ2
トマト（半月切り）…… 1/2個
サニーレタス …… 葉4枚
大葉 …… 4枚

A ┌ ナンプラー …… 小さじ1
　├ 砂糖 …… 小さじ1
　└ 塩 …… 少々

B ┌ ナンプラー …… 大さじ1
　├ レモン汁 …… 小さじ1
　├ 砂糖 …… 小さじ1
　└ 水 …… 大さじ1

作り方

1 鉄板にサラダ油半量をひき、エビを炒めて塩・こしょうを振る。色が変わったらもやしを加えてさらに炒め、鉄板のはじに寄せておく。

2 卵を割りほぐし、Aを加えて混ぜ、空いたスペースの鉄板に残りのサラダ油をひき、丸い薄焼き卵を作る。

3 薄焼き卵の上に①の具材をのせ、ふたをするように半分に卵を折り返す。

4 器に盛り、Bの材料を混ぜ合わせたつけダレを添える。サニーレタスで③の卵焼きを巻き、大葉やトマトをのせ、つけダレにつけて食べる。

Chapter 4

好きな具材をたっぷり入れて
BBQのシメのデザートをオシャレに!

Teppan 14 鉄板クレープ

材料(2人分)

- A ┌ ホットケーキミックス …… 150g
-   │ 卵 …… 1個
-   └ 牛乳 …… 200㎖
- バター …… 20g
- ホイップクリーム …… 適量
- チョコシロップ …… お好みで
- フルーツ …… お好みで
  (いちご、バナナ、キウイなど)
- ミント …… お好みで

作り方

1. Aの材料を混ぜ合わせてクレープの生地を作る。
2. 鉄板にバターを溶かし、クレープの生地をおたま1杯分流し入れ、薄く丸く広げて焼く。
3. 焼き色がついてきたらひっくり返し反対も焼く。
4. ②~③をくり返し、必要な枚数を焼く。
5. 焼きあがったクレープに、フルーツやホイップクリーム、チョコシロップなどお好みの具材をのせる。

ホテルで食べるような ふわっふわ食感を再現！

Teppan 15 ホテルの フレンチトースト

材料（2人分）

厚切りパン（4枚切り）……2枚
卵……2個
A ┌ 牛乳……100mℓ
　├ 生クリーム……50mℓ
　├ 砂糖……大さじ1
　└ バニラエッセンス……適量
バター……20g
粉砂糖……お好みで
メープルシロップ……お好みで

作り方

1 Aの材料を混ぜ合わせ、卵液を作る。

2 ①の卵液に食パンをひたし、両面ひっくり返しながら10分ほどおく。

3 鉄板にバターを溶かし、②を入れ両面色よく焼く。

4 仕上げに粉砂糖やメープルシロップをかける。

あらかじめ食パンの表面に穴をあけておくと卵液がよくしみます！

Chapter **4**

焼きそば粉末ソース 活用レシピ

焼きそばに付いてくる粉末ソースが余ってしまった…そんなときも心配無用！粉末ソースは、いろんな料理に活用できるんです！

Sauce 1 だしいらずの卵焼き

作り方
1. ボウルに卵を割りほぐし、粉末ソースを入れて混ぜ合わせる。
2. 卵焼き用のフライパンにサラダ油をひく。
3. 卵を半量流し込み、半熟になったら奥から手前にくるくる巻く。
4. 空いたスペースに残りの半量を流し込み、同じようにくるくる巻いて成形する。

材料（2人分）
卵……4個
粉末ソース……1袋
サラダ油……大さじ1

うまみマシマシ スペアリブ

作り方
1. スペアリブに粉末ソースをまんべんなくまぶし、しっかりと揉みこんでおく。
2. フライパンにサラダ油を熱し、①を色よく焼く。
3. マスタードソースの材料を混ぜ合わせ、焼けたスペアリブに添える。

材料（2人分）
スペアリブ……4本
粉末ソース……1袋
サラダ油……大さじ1

【マスタードソース】
マヨネーズ……大さじ4
粒マスタード……大さじ2
ハチミツ……大さじ1
レモン汁……小さじ1

Sauce 2

Sauce 3 タコ焼きライス

作り方

1. フライパンにサラダ油を熱し、タコを入れて塩・こしょうを振る。そこにキャベツを加えて炒め合わせる。
2. キャベツがしんなりしてきたら、ごはんと紅しょうがを加えさらに炒める。
3. 粉末ソースをかけてさらに炒め、ソースの匂いが立ってきたら青ネギを加えてサッと炒める。
4. 仕上げにかつお節、青のり、マヨネーズをかける。

材料（2人分）

ごはん……1杯
タコ（足／ぶつ切り）……2本
キャベツ（みじん切り）……葉2枚
紅しょうが……大さじ1
青ネギ（小口切り）……2〜3本
粉末ソース……1袋
かつお節、青のり、
マヨネーズ……各適量
塩・こしょう……少々
サラダ油……大さじ1

Sauce 4 やみつきポテトサラダ

作り方

1. ジャガイモをひと口大に切ってゆでる。
2. 竹串がすっと通るまで柔らかくなったら、にんじんも加えて1〜2分ほどゆでる。
3. ②の水を切り、ボウルにあける。ジャガイモはヘラでたたいてつぶす。残りの具材を加え、Aで味付けし、全体を混ぜ合わせる。

材料（2人分）

ジャガイモ……中2個
ハム（短冊切り）……2枚
ゆで卵（粗みじん切り）……1個
きゅうり（半月切り）……1/3本
にんじん（半月切り）……4cm分
A ┌ マヨネーズ……大さじ3
　└ 粉末ソース……1袋

焼きそば粉末ソース活用レシピ

ピザトースト

作り方

1. 食パンの片面にバターを塗り、上から粉末ソースをかける。
2. 好きな具材をバランスよくのせ、チーズをかける。
3. トースターでチーズに焦げ目がつくくらい（3〜4分ほど）焼く。

材料（2人分）
食パン（6枚切り）……2枚
サラミ……3〜4枚
ピーマン（輪切り）……1/4個
プチトマト（4等分）……4個
ピザ用チーズ……適量
粉末ソース……小さじ1
バター……10g

がっつき唐揚げ

作り方

1. ポリ袋に鶏肉とごま油を入れて揉みこんだら、唐揚げ粉と粉末ソースを加えてさらに揉み、15分ほどおく。
2. 160℃に熱した揚げ油（分量外）で①を色よく揚げる。

材料（2人分）
鶏もも肉（ひと口大に切る）
　……200g
唐揚げ粉……大さじ3
粉末ソース……2袋
ごま油……小さじ1

Sauce 7

焼きそば風味 バニラアイス

作り方
1. アイスを器に盛り、粉末ソースをかける。
2. お好みでホイップクリームを添え、チョコシロップをかける。

材料（2人分）
バニラアイス……1カップ
粉末ソース……1つまみ
ホイップクリーム……適量
チョコシロップ……適量

Sauce 8

ミチェラーダ

材料（2人分）
コロナビール……1本
（普通の缶ビールでも可）
ライム……1/2個
塩……適量
タバスコ……お好みで
氷……適量
A ┌ トマトジュース……300mℓ
　├ 粉末ソース……1袋
　└ チリパウダー……少々

作り方
1. ライムは飾り用の輪切りを2枚切る。
2. グラスのふちに残ったライムを押し付け、ぐるりと一周する。塩を入れた皿にひっくり返したグラスをつけておく。
3. グラスにAを注いでかき混ぜ、ビールを加えてさらにかき混ぜる。
4. 氷を入れ、輪切りのライムを飾る。お好みでタバスコをかける。

ミチェラーダは、メキシコ生まれのビアカクテルです

おわりに

　「やってみたい」「この味は気に入った」……そんなお気に入りのレシピはあったでしょうか？　この本で紹介したレシピは、バーベキューで僕がよく披露していて、どれも非常にウケがいいものばかりです。「たけだのあの焼きそば、今日も頼むで」と、バーベキューが始まって間もないのにシメの焼きそばを楽しみにしてくれる先輩もいます。

　シメにオリジナル焼きそばを出すと、毎回必ず歓声が上がります。これはなぜか。バーベキューの焼きそばといえばソース焼きそばが出てくるものだという固定観念があるからです。そこにアレンジの効いた焼きそばが登場しようものなら、一気に皆のテンションも上がります。そこで僕は感じました。「もはや焼きそばはバーベキューのシメのメニューではない！　歓声があがる主役レシピにもなり得るのだ」、と。

　もっとバーベキューに焼きそばを！

　もっと食卓に焼きそばを！

　パスタが世界に広まっているように、今後日本での焼きそばの愛食度がもっと高まり、日本発「YAKISOBA」が世界的な食文化になれば、と僕は思っています。

　"焼きそば革命"はすでに始まっています。

　さぁ、ともに行きましょう！

　両手にコテを握りしめ、焼きそばの向こう側へ！

　ナイス焼きそバーベ！

たけだバーベキュー

2019年8月17日　初版発行

著者
たけだバーベキュー

発行人
松野浩之

編集人
新井治

ブックデザイン
尾崎行欧
宮岡瑞樹
齋藤亜美
宗藤朱音 (oi-gd-s)

撮影・スタイリング
minokamo（長尾明子）

イラスト
田渕正敏

調理協力
藤田裕樹（バンビーノ）
太田晃平

撮影協力
今田慶

企画・編集
南百瀬健太郎

編集協力
粟野亜美

営業
島津友彦（ワニブックス）

発行
ヨシモトブックス
〒160-0022
東京都新宿区新宿 5-18-21
TEL 03-3209-8291

発売
株式会社ワニブックス
〒150-8482
東京都渋谷区恵比寿 4-4-9
えびす大黒ビル
TEL 03-5449-2711

印刷・製本
株式会社光邦

● 本書の無断複製（コピー）、転載は
　著作権法上の例外を除き、禁じられています。
● 落丁・乱丁本は(株)ワニブックス営業部あてにお送りください。
　送料小社負担にてお取り換えいたします。

©たけだバーベキュー／吉本興業 2019 Printed in Japan
ISBN 978-4-8470-9821-5